엄마의 흰 펜

심지시선 012
엄마의 흰 펜

2011년 4월 15일 초판 1쇄 발행

지은이　이순이
펴낸이　윤영진
편　집　함순례
디자인　한천규 이경훈
펴낸곳　도서출판 심지
등록　제 253호
주소　300-812 대전광역시 동구 삼성동 125-2 4층
전화　042 635 9942
팩스　042 635 9941
전자우편　simji42@hanmail.net

ⓒ이순이 2011
ISBN 978-89-6627-006-4 03810

* 저자와의 협의에 의해 인지를 생략합니다

심지시선 012

엄마의 흰 펜

이순이 시집

심지

□ 시인의 말

경계인으로
밥 벌어먹고, 시 쓰며 세월이 갔다.
많이 부족하다. 좀 더 깊어질 일이다.
살아있는 것들에게 고맙다.
기꺼이 함께 가겠다.

2011년 봄
이순이

차례

시인의 말　005

제1부

구면舊面　013
지독한 타령　014
아름다움이 폐허다　016
꽃이 질 때　017
가는 사랑　018
달의 사랑　019
그 여자의 노래 1 — 영화, 그리고 삶　020
그 여자의 노래 2 — 엄마의 흰 펜　022
그 여자의 노래 3 — 부엌　024
그 여자의 노래 4 — 남자가 차려 놓은 밥상　026

그 여자의 노래5 —다루기 편치 않은 옷　028
그 여자의 노래6 —손　029
지긋지긋한 사랑　030
불편한 동거　031
화순옹주 홍문紅門 앞에서　032

제2부
틈입, 무서운　035
없음,이라는 것　036
약들에게 절하다　038
사주팔자　040
가시장미 품기　041
생각의 집　042
내 마음의 삽화　044
청양　046
문자 메시지　048
엄마의 말　050
입덧　051

제3부
탈해사脫解寺 가는 길　055
유고 시집　056

괜찮다, 괜찮다 058
무지개 060
별 062
울지마, 선희샘 064
어여쁘고도 불쌍한 066
병천이 068
2007년의 산책 069
다시 산다면 070
지금, 여기 072
풀무학교에 입학하는 딸에게 074
대화 076

제4부

눈물방울만큼 081
마량포구에서 듣는 당신의 말 082
스타일 084
바위덩이 085
우기雨期 086
길이 어둡다 087
바위 088
책읽기 089
난지도에서 090

친구를 기다림　092
차茶　094
사람은 언제 되나　095

발문　강병철　097

제1부

구면舊面

산허리에 잠시 잠깐

갓 붉은 **뺨** 가신 복사꽃

서른이 훨씬 지나고 나서

처음으로 보았네

지독한 타령

꿀꿀한 날에는
새끼들 집으로 퇴근하지 않고
선생의 옛집에 갔다

어느 날 맥주 한 캔 마시고 싶어
흔들흔들 고택 옆 가게로 갔더니
손바닥만 한 덧문에
옆 가든으로 오시오
가든에 갔더니
금일 휴업

生은 때로 휴업이나 폐업이지

붉게 물든 女子의 혼잣말로
선생의 옛집 고요하고 하루가 저문다

때는 봄, 물앵두 떨어진다, 툭 툭 터진다
아, 여기가 별유천지비인간別有天地非人間인가

혼자 보기 아까워 추사 선생 청했다

生은 또 가끔 환하지

아름다움이 폐허다

소리 없이,
소문도 없이 줄초상이라니
꽃들의 떼죽음,
비명횡사엔 도대체 대책이 없다

대체 아름다움, 그것 보기나 했나
청춘을 휘젓던 깃발 있기나 했나

누가 한꺼번에, 모조리 수장시킨 거야

그 막막함의 정체, 혹시 폐허야

꽃이 질 때

아름다운 날이 있었으나
오늘은 소리 없이 지고 있구나
물결 따라 흐르는 꽃잎
아이 속살 같은 부드러운 밭고랑에
잠시 옹알이 하고 있는 꽃잎
어수선한 내 마음밭에
칩거하고 있는 희고 붉은 꽃잎
소리 없이 와서 잘 놀다
바라보는 사이 화들짝 떨어지는 꽃잎

때로 길에서 울었다
꽃을 자꾸 돌아보았다
알면서도 가고 모르면서 가는
길 위에서

가는 사랑

입술
터지는 사이

꼴깍
침 삼키는 사이

점 하나
남기지 않고

입술 하나
남기지 않고

끝내는
그대 저만치

달의 사랑

검은 바다에 달빛 출렁이고

그대는 하얗게 부서진다

노란 꽃잎 밀어 올려도

차고 기울고 다시 출렁여도

검푸른 바다 노랗게 되어도

하얗게 하얗게 하얗게

부서지기만 한다 그대는

그 여자의 노래 1
— 영화, 그리고 삶

 오래전 황사 분분했던 그 계절의 어느 날 레테의 강가, 반지하 10평 미혼의 삶을 정리하며 시를 쓰듯 낯선 청첩장 문구를 다듬었지요 지인들에게 배달된 청첩장에는 황사의 문구들 바삭한 나뭇잎 파편처럼 이리저리 날렸으련만 이미 알고 있었던 사람들은 알고 있어서 모르는 사람은 몰라서 모두 굳게 입을 다물었더군요

 저의 인생은 늘 나중에 오는 깨달음이 전부였습니다

 선량한 당신? 당신은 가부장적 좌파? 버리지 못하고 집안까지 가지고 온 한줌의 담배 필터와 종이에 얌전하게 싸여져 있는 껌 같은 것들은 당신의 이데올로기였겠지만 그것을 치우고 비웃느라 제가 얻은 것은 무엇이었을까요?

 저는 먼 나라 여인처럼 강가에 서서 가끔씩 생각합니다 조선조 허난설헌이라는 의심 많던 여자를, 간단하게 묘사할 수 없었던 우기의 날들을, 갯벌 진흙 속 수만 마리 게들의 속살을, 꽃게탕에 이르러서 찢겨지고 벗겨지는 사지를

영화를 보게 되는 날이 많아집니다 영화를 보는 일 무엇일까요? 모든 것들, 영화도 다정한 당신도 오래된 필름으로 추억 되겠지요 레테의 강가에서 다정한 당신 영화처럼

그 여자의 노래 2
— 엄마의 흰 펜

자장가 한 소절 몇 마디 주술로 시들던 그때
젊은 엄마인 나, 아직 꿈이 많았다

아기 잠들기 기다리며
어서 어서 자거라 어서 어서
마녀의 주문을 외는 쓸쓸한 밤
생은 천일야화
파노라마를 펼쳐놓았지만
장맛비처럼 지루했다

바라는 게 있다면
지상에서 마지막 일거리
아기 재우고 스르르
고단한 육신을 뉘일 목관묘,
나의 매트리스에 몸 부리고 싶었다
목관묘에 날개 묻고 싶었다

다음 날 아무것도 아닌 듯

국 끓이고 먼지 털고
흰 펜* 들어 젖내 나는 글을 쓰고 싶었다

매트리스여! 나와 그대 언젠가는
삐걱거리고 낡고 닳아 더 이상 무엇이 아닐지니
나무의 네 귀퉁이여, 아귀다툼이여, 목관의 몸이여
그때까지 내게 자장가를 불러다오
나를 가두는 주술을 부려다오
나를 썩혀 다오

* 김승희의 『남자들은 모른다』에서 인용. 흰 펜은 모유로 쓰는 시, 여성적 글쓰기를 말함.

그 여자의 노래 3
— 부엌

1

 밥상 차려 둥글게 앉는다는 것 아름다운 일이다 나 알맞게 맛있는 밥을 만들 줄 알아 때로 맛깔스런 식탁을 차리기도 한다 그러나 미명의 어둠 속에서 육신을 달그락거려야 하는 많은 날 아득하고, 대부분 막막하다

2

 점심에 낙지볶음을 하려고 야채거리를 다듬어 놓고 낙지를 손질하고 양념장을 준비하다가, 비린내 없앨 양념으로 봄에 담근 매실주 생각나, 베란다 한구석 향기롭게 기다리는 매실주를 비틀어 깨우고 조금 맛보았다 너, 그 시절에는 싱싱하고 푸르기만 하더니 아주 잠깐 사이 술병 속에서 쪼글쪼글해졌구나 한 모금 또 한 모금 내 비린내를 없애는 한낮 낙지볶음 양념처럼 붉다

3

 배추김치를 담근다 파와 양파처럼 한 방울 눈물로, 모져서 마늘처럼 두들겨 맞으며, 새우젓처럼 짜고, 고추처럼

맵던 지난날 지나고 나니 배추 속 양념처럼 알맞게 뒤섞이지 못했던, 해질 무렵, 자주 자주 배추 버무린 손처럼 온몸 얼얼했던

그 여자의 노래 4
— 남자가 차려 놓은 밥상

뒷밭에 장독대에 아궁이에 빨래터에
쉴 틈 없이 사라지고 나타났던
엄마 모습
굴뚝 연기처럼 생각나는 날엔
어릴 때 먹던 음식 해먹고 싶다

지상에서 찾을 수 없는 그 맛
흉내라도 낸 사람 있을까
인터넷에서는 찾아질까
이리저리 서핑을 할 때,
앳된 남자의 레시피 훌륭해라
그 남자 솜씨 놀라워라

어쩌면 풍부했을지도 모를 음식 만드는 재능,
지 밥상 차릴 기회마저 빼앗긴,
고추 떨어진다고 부엌 출입 막혔던
남동생이나 남편

곰방대 무섭게 두드리며 호령하던
못난 할아버지의 핏줄 하나가
훌륭하게 차려 놓은 밥상 앞에서
오호호 놀라워라

그들, 손발 튼튼하고 혀 야문 그대들
아무렇지 않게, 즐겁게
강을 따라 잘 가고 있다

그대들에게 이것저것
맛나게 배부르게 얻어먹고 싶다
왕후처럼 앉은 채 얻어먹고 싶다
365일, 생일 상 받듯,
한 1000년쯤

그 여자의 노래 5
― 다루기 편치 않은 옷

겉감 모 100% 안감 폴리에스테르 100% 흐느적거리고 구깃구깃한 구석구석 꼼꼼하게 다림질한다 난해한 문장을 읽을 때처럼 불을 잡은 손을 무장 해제시키지 못하고 양손톱 세우고 검은 천에 정교한 방점을 찍는다

겉과 속, 녹록하지 않은 짜임으로 구성된 천 한 조각, 거리엔 다루기 쉬운 옷들 넘쳐 나는데, 지금까지 바람 부는 도시에 뒹구는 푸른 기호들 읽어 낼 힘없어 더듬거리며 장님처럼 살아왔다 누구의 장난도 아니었다고 손금 보는 노인이 지폐 몇 장으로 앉아있는 거리를 지날 때 하는 수 없다, 중얼거린다

이 옷, 난해한 문장 끝에 걸린 실밥 같은 물음표를 이제와 누구에게 맡기랴

그 여자의 노래 6
— 손

 하루 종일 고군분투한 팔과 다리를 끌고 돌아오는 저녁, 엘리베이터를 기다리며 본다 볼펜을 쥐고 컴퓨터의 자판을 두들기고 분필을 만졌던 화끈거리는 손을

 안쓰러운 듯 다른 한 손이 착하게 매만지는 걸 물끄러미 보다가 잠시 미망迷妄

 깊이 무엇 생각할 겨를 없이 현관문 열면 달려드는 아이들 작은 몸과 한없이 순한 머리카락 쓰다듬는 손

 냉장고에 찬거리에 거실 바닥의 먼지에

 때로 주저앉고 싶을 때 안 되지, 가슴을 쓸어안는 열 손가락

 걱정 마, 괜찮아, 속울음 같던 말, 손, 자위自慰

지긋지긋한 사랑

근 한 달
석등 옆 천 년 묵은 백일홍 붉다

내가 석등이라면 기진맥진할 거다

한 천 년
백일홍 석등 옆에서 정신 놓았다

나라면 네 사랑이 지긋지긋할 거다

불편한 동거

허겁지겁 살아가는 날
목에 걸린
짜잘한 가시 한 개
온 신경은 곤두선다
그의 권력에 부르르 떨지는 않지만

짜잘한 가시쯤 잊는 게 수라고
한잠 자고 났더니

혼자서 얼마나 버둥거렸던지
그만 감쪽같이 흔적을 지웠다

시원한 게 섭섭하기도 하고
그의 권력에 움쩍도 않지만
부르르 떠는 일 없지만

화순옹주 홍문紅門 앞에서

먹장구름 지나가는 저녁
추사고택 화순옹주 홍문紅門 앞이다

여기 묻힌 조선조 여인, 화순옹주
홍살문으로 남은 누군가의 아내

그녀를 생각해 본다
그녀도 무소의 뿔처럼 살고 싶었을까
사라지는 것, 저녁연기 같다고 풀벌레들 고요하다
자유로운 영혼, 그것도 잠깐이라고 풀들 누렇다

붉은 입술을 고치는 거울 속으로
돌담과 지붕으로, 유물 같은 홍살문으로
그것들, 알지 못하는 것처럼
먹장구름 한무더기 몰려오는데
돌담에서 마주친 다람쥐 한가롭다
이곳 갈참나무 숲에 이르러 새들 자유롭다

제2부

틈입, 무서운

  봉숭아 한무더기 장독을 흔들던 여름, 고추장 달게 익고 항아리 장대비를 견디었다 소슬바람에 시든 봉숭아를 뽑아 낸 어머니는 크고 작은 고추장 된장 항아리 찬찬히 다독이다 보자기에 싼 물건 소중히 꺼낸다 작년 여름부터 올 여름 거친 음식 골고루 물들이고 남은 고춧가루, 생의 비밀을 풀어 헤쳐 보이듯 꼭 묶어둔 헝겊을 푼다 이런, 고춧가루 속에 득실대는 벌레 떼, 이리저리 들추어 벌레를 끄집어낸다 무섭다, 맵디매운 조선 고춧가루 안에서 번식한 눅눅한 저 벌레, 장마에 히히덕거렸을 흰 웃음 벌레는 틈만 나면 다가선다 은밀히 스며든다

없음,이라는 것

그 흔해터진 외할머니
혹은 할머니에 대한 영상이 없다
아버지에 대한 필름도 열네 살 무렵 끊겼다
부재의 슬픔은 끝나지 않을 것처럼
홀쩍거리며 시도 때도 없이 방문한다

아버지 돌아가시고 달리 할 것도 없었는지
이른 철이 들어버려
시몽 너는 좋으냐 낙엽 밟는 발자국 소리를*,
감나무 아래에서 읽는 시는
열네 살 쓸쓸한 마음을 위로했다
감나무 밑에서의 한때는 시를 좋아하는 사람이 되게 했다

아버지 돌아가시고 해가 지면
주섬주섬 남자 고무신들 댓돌 위에 올려놓던
엄마의 쓸쓸한 손을 보았다

엄마 외로움이 저절로 찾아오는 마흔 언저리

내안의 우물 퍼낼 수 있을 때
열네 살 찰랑거리던 슬픔 적당히 돌려 볼 수 있는 때
엄마의 저녁은 또 나를 어떻게 키울까

* 구르몽의 시에서 인용

약들에게 절하다

헐렁한 내복조차 걸친 적 없었다
엄마의 손톱 발톱은 피멍 들었다

앞산 뒷산에 묻혀있던
도라지 잔대 뿌리들은
겨우내 엄마에게 몸 보시 했다

엄마 몸속에 들어앉은 약,
잔대 도라지는 에미였다
오남매를 멕여 살렸다
큰 절 올린다

뿌리만으론 시원치 않았던지
명랑*을 자주 드셨다
그럭저럭 오남매를 명랑하게 키웠다
또 큰 절 올린다

그밖에 알아내지 못한 엄마의 모든 약들에게

늦었지만 삼보일배 올린다

* 명랑: 진통제의 일종

사주팔자

 엄마, 허둥지둥 사는 날들이라 엄마 보러 못 가네 아버지 기일엔 꼭 갈게요 오늘은 참 달이 밝네 엄마도 밖에 나와 달 보시나, 엄마, 엄마는 용띠, 나는 양띠, 엄마는 무진년戊辰年 칠월 열 하룻날 아침, 여자에게 벅찬 12간지 하나를 얻어서 태어나셨는데, 그 이유인가 몰라, 자전거自轉車가 닳고 닳았어

 그럭저럭 몸 가려 준 털들 지닌 정미년丁未年 내 운명은 어떨지 생각해보는 날 자축인묘진사오미신유술해, 또는 갑을병정무기경신임계 이런 것 엄마와 나의 생을 한 칸씩 돌아가며 결박할지라도 뭐, 한 평생

 세월이 지나면 엄마의 바다 한 귀퉁이는 될 수 있을까, 달 지나는 창 앞에 서서 생각해 보는 날

가시장미 품기

폭풍우처럼 지랄 떨며 온다
갈기갈기 찢어놓고
속 뒤집어 놓는 허리케인 같다
쩔쩔 매지만
그냥 기다리면 언제 그랬냐는 듯
잠잠하다

사춘기 아이를 키우고 나서야 알게 된다

어느 집 가시장미에 찔렸나 보다
밤하늘에 소리 날카롭다
양보 없다
까칠하다
가시장미 다듬느라
쩔쩔 맨다

아이가 자라고 나면 별 것 아니라는 것 안다

생각의 집

칠갑산 샬레에 갔다
순백 광목 커튼이 눈길을 끄는
단아하고 시원한 수국 같은 찻집에 앉았다
작은 오솔길 너머엔 그리운 옛집이 있지

캄캄한 밤 희미한 불빛이 있는
밖의 세계로 나를 이끌었던
베갯잇만 한 창문이 정겨운 집
기웃거려 보고 싶은 손바닥만 한 마당
아버지의 기침 소리 그립게 들리는
오래된 꽃나무가 꽃을 피울 옛집이
오솔길 너머에 있지만
차만 마실 뿐 생각만 할 뿐

옛집은 오래된 꽃나무가 꽃을 피울 거고
옛집은 창문이 자그마하게 나있겠지만
나는 그리움을 숨겨 둘 거야

순백 광목처럼 단아한 한때 그곳에 묻을 거야
수국이 아름답던 마당을 미치듯이 그리워할 거야
언제든 그리운 생각의 집으로 나를 부를 거야

내 마음의 삽화

슬레이트 몇 장 덜거덩거리는 빛바랜 거기

복사꽃만 백설이 몰아치듯 떨어지던

어떤 사람이 사는지 궁금하여 천천히 보게 하던

착한 네 영혼처럼 심심하고 꾸밈이 없던

어느 날 늙은 촌부 낮술에 시름겨워 울 때

뒷동산 바람들 쏴 아 아 아 함께 울어 주던

복사꽃만 백설이 몰아치듯 떨어지던

곱던 그 女子

흐린 연기 날리며

무심히 서 있던

그 女子의 집

청양

동넨지, 산속인지
어딜 볼 데가 있나
갈 데가 있나
눈 뜨면 산하고 하늘만
멍석자리만큼 보였다

고기 한 근, 담배 한 보루 사들고
아버지 누님의 딸, 고모 딸이 사는
그곳에 가면 고모 딸
인스턴트커피 타주며
연신 담배를 피우는 곳

오래전에 아버지와 고모들 묻힌 곳
고모 딸에게서 영락없이
이가李家들 떠오르면
인스턴트커피 맛
달작지근하기도 하고
씁쓸하기도 한 곳

다다를 수 없을 듯
높다랗던 그 하늘
여적지 그대로인 곳

문자 메시지

모처럼 집에 혼자 있는 날
눈이 펑펑 퍼붓는 날

여학생 애들처럼
웅크린 고민들 놓아 버리고
수다 잡담 대화 농담 짓거리 한바탕
하얗게 날밤을 새보자 했다
눈이 퍼붓는 것도 잊고
각자 품은 고민들 놓아 버리고
늘어놓자 했다

한 여자 폭설에 갇혀 있었다
한 여자 남편이 집에 없었다
한 여자 버스 속이라 했다
한 여자 그러지 뭐, 다음에!

결국 혼자 노는 새벽
팔십 모친한테 찐한 능청 한 줄 띄운다

차마 쑥스러워 하지 못한 말

"사랑합니데이"

엄마의 말

잔정머리 없어, 고약은 얼마나 떠는지
싸가지는, 저만 알아, 거기다 숫기 없기는

누가?

누구긴 누구겠어 딸년이지

영화에 기타에 사진에 시에
멋 부리기에 저 할 짓은 다해

고집은 또 얼마나 고래심줄인데

야야 그만 궁시렁거리고 어여 자
너도 그랬어
크면 다 괜찮어

……

입덧

살구꽃 한 점 지고 있다
언제 열리나
먹으려면 한참
사과꽃 한 다라 피었다
저것만 먹으면
감쪽같이 괜찮을 것 같은데
자두는 손톱만 하다
이 멀미 같은 고통
그것 한쪽만 삼키면
멈출 것 같은데
아 셔, 입 안 가득 침 돌게 하는 그것들
열매 맺느라 하늘이 노랗다

제3부

탈해사脫解寺 가는 길

벌써 며칠째 내리는 눈송이 그대인가
새들이 놀라 날아간다

〈무엇을 할 것인가〉를 읽던
그대의 레퍼토리 여전한가

길을 나선다
눈 위에 길을 내는 것은 정처 없다
발자국 덮어 버리는 눈 하염없다

무쇠 같은 그대에게도
눈 쌓인 산이, 길을 내야하는 일이
때로 덧없음인가

탈해사는 조금 남았다
숲에는 또 길을 내는 사람 있고
내 몸은 편하다

유고 시집

쉬는 시간 우려낸 녹차 채 마시지 못하고 다음 시간 알리는 종소리에 덮어 둘 것 찾다가 책꽂이에서 뺀 작은 시집 한 권 하필 고인 된 형*의 유고 시집이었네

수업하러 3층 계단을 오르며 생전의 그를 떠올리니 별 말없고 마음 푸근하고 무엇보다 아이들을 잘 가르치려 했던 사람 전교조 일을 하는 동안 그의 간이 시커멓게 썩는 동안 그가 가르치는 아이들이 계절 바꾸는 동안 그는 먼 곳에서 살고 있었는데,

그를 종종 보았다 후배들이 열던 연못 옆 시화전에 잠시, 서울 집회에 시커먼 얼굴로 씩 웃으며 잠깐, 그는 그렇게 얼마의 삶 부서져라 살았던 것

계단 오르며 어떻게 살아야 하는지 먼 산 바라보면 어디선가 소쩍새 울고 실없게 아이들처럼 바스락 바스락 보리 누렇게 말라가고

* 이규황 선생님, 전교조 평택지회에서 일하다 암으로 작고

괜찮다, 괜찮다

빗방울 저만치 내리는 아침입니다
밥 굶지 말고 댕기고 힘내서 애들 잘 가르치라고
전화할 때마다 똑같이 이르시는
자주감자꽃 같은 어머니 말씀이
나팔꽃을 벙긋 피워냅니다
학교에 오기 전에는
강물처럼 흐르며 순하게 살고 싶었습니다
한 뙈기 밭에 해마다 돋는
쇠뜨기 풀 같은 어머니의 노동과
순한 아이들 먹빛 눈빛 두 팔로 안으며
감자알 같은 선생이 되려 했습니다
하지만 학교에 와서 살면서
남한테 듣기 싫은 소리 한번 내지 않았던
엄마 닮은 자식 되고 싶어
모른 척 할까, 모른 척 하자 눈 감고 싶었지만
해야 할 말들은 더 큰 감자알로 커갔습니다
매운 고추 같은 말들 때문에 숨통이 조여왔습니다
아니다 아니다 하면 할수록

사정없이 여러 날 아팠습니다
말 못하는 그것이 더 아팠습니다

무지개

선배 선생님들 중고등학교 시절 시험 끝나면 영화관 갔다는데
아쉬운 대로 기말 고사 끝나고 전교생 강당에 모였다
어떤 선생님이 준비하셨나
자세히 몰랐던 당진의 역사라 할 수 있는 모습들
봄부터 찾아다녀 모은 사진들이라 했다
아쉽지만 여기가 영화관이라 쳐
빔 프로젝터로 쏘아 올린 사진들을 펼쳐 놓았다

햐 저런 곳도 있었네 빠져드는 선생님들
현대에서 근대로 넘어가듯 흑백 사진 속 한진항과
떠나가는 배에 실린 사람들과 언뜻 보이는 무지개다리,
근대의 그 길목, 일본식 학교 건물이었을까
하교하는 아이들에게 손을 흔들고 계시는
흑색 사진 속 그 옛날 선생님
그분 그랬을까
한진항에 떠오르던 무지개 아이들과 함께 보셨을까
어느 오후 아이들과 함께 건너 보셨을까

오색 다리……

　차라리 수업해요 따분한 애들 웅성웅성
　줄 간 영화도 맛있게 보던 학부모님들 DNA는 어디로 간 겨
　마땅찮은 어느 선생님의 구시렁구시렁 강당에 묻혀들고
　아이들 차라리 수업하자고 또 웅성웅성
　너희들 언젠가 이날을 그리워할지 몰라
　가슴에 하나씩 무지개 키우고 있는지 모른 채
　자신이 얼마나 어여쁜지 모른 채
　속절없이 나이를 먹겠지만

별

열 서넛, 길을 떠났습니다
일상을 벗어난다는 것은 처리해야 할 일 더 많아져
엄두내기 아득한 일이지만

한 계절을 떠돌기 위해서 나머지 세 계절
죽어라고 가난하게 살면서 저축을 한다*는
낯모르는 여행자의 넋에 반하는 것이 또한 삶이기에
별을 찾아 바다 소나무 숲을 지날 때
살아 있는 새들의 노랫소리 멀리서 들려왔습니다

민박집 옥상에 올라 삼삼오오 별을 보았습니다
눈 작게 오므리고 천체 망원경 속 먼 하늘을 바라보았습니다

몇 억 광년 전에 살았던 사람들 그리워
아름다이 별들을 응시하는 것이라고
짭짤한 바람이 선생님의 이마에
몇 가닥 머리칼을 흩어놓았습니다

선생님의 머리카락 썩고
우리가 애써 지나온 길이 바뀌어도
힘든 길을 가는 사람들
그때도 여전히 있을 것이라고
저녁별 쉬이 지지 않았습니다

* 은희경, 『비밀과 거짓말』에서

울지마, 선희샘

어떤 아이가 놓고 갔는지 맛이 좋던 감자알
신경림 시에 나오는 것처럼
얼굴만 봐도 비시시 웃음이 나오던

교무실 장작불이 따뜻하고
일숙직이 심심하면 돌아오던
월부로 제3세대 문학전집을 사던 어여쁜 처녀 선생들 있던
그 처녀들과 삽교 곱창을 먹던
보충 수업이 한 시간쯤 있었던
풀빛 정구공이 마른 가랑잎 위에 떼구르 구르던
개망초 꽃무더기 같은 애들
속 썩이던 계집아이들과 머슴애들

흙먼지 날리며 버스가 달리고
일본식 오래된 미닫이문을 밀고 들어가면
고덕, 덕산, 삽교, 읍내, 곳곳에서 수업 끝내고 모인
선하고 양심 있는 그들

깨알 같은 종이의 글자들처럼 현장의 얘기로 길어지던 회의 시간
생쌀이 익어가던 전교조 사무실
신문지 깔고 거친 음식 나누던 선배들 친구들
향기로운 유자를 슬며시 건네주던 당신
해직교사 이 선생님 부부
해직교사의 아들 산하

후 불어 날리던 민들레 꽃씨와
질기고 질기던 풀들이
마르고 다시 나던 그 시절

양심 때문에 울던 그 시절
20년 지났어도
풍경만 달라진 유리창에 기대 또 누군가가 운다

어여쁘고도 불쌍한

몇 년째 책모임을 한다
올해는 일곱이 한 달에 한번 모인다
이번 책은 김훈의 「화장」, 「언니의 폐경」
고미숙의 『사랑과 연애의 달인, 호모에로스』다
무슨 이야기를 꺼내야 하는 걸까?
에너지는 슬슬 바닥인데
모두 7교시는 기본인데
선희샘과 리나샘은 3학년
8,9교시까지 부려먹는데
수업 브랜드는 그나마 낫지
학력증진 미도달자 9교시까지 붙잡고 있는
이건 아닌 날들

일곱 다 모이기 쉽지 않은 일
김훈이나 고미숙 식으로 말하면
지금 은아샘이나 고운샘은
사랑과 연애의 달인 되어
임자 만나야 하겠으나

일 많고 사람 없으니
'건어물녀'의 길이 빨라 보이고
리나, 용순, 선희샘은
김훈 소설 속 추은주
아직 얼마나 많이 푸르른
화장化粧의 나날인지

경섭샘은 화장의 서술자
추은주와 아내 사이에서
미추를 저울질하진 않지만,
산에 가고 책을 읽고
늘 모든 것에 기우뚱하며
엇박자로 화장火葬으로 가고 있는 중
때문에 그는 소설가가 주무르는 생의 한 귀퉁이
나는 곧 폐경을 맞을 내동생의 언니
하여 모두 어여쁘고도 불쌍한

병천이

 할머니하고 둘이 살았던 머슴애, 집에 가보면 몇 가닥 남은 라면 그릇 옆에 놓고 푹 퍼져 자고 있던 머슴애
 자퇴한 다음 해에 굳은 결심했다며 복학하여 다시 내 반이 되었던 머슴애
 너 운이 억수로 좋은 줄 알아. 우리가 어떻게 두 번이나 만날 수 있겠어
 복학하고 결석하고, 또 결석하고, 찾아가고, 또 찾아가고, 하지만 정 못 붙이고 학교를 떠나간 머슴애
 그 애 떠나고 늦가을 눈에 띈 봉숭아
 손주 새끼인 양, 가지마다, 톡톡 여문 씨앗을, 저런, 겨울이 오고 있는데 할머니는 시든 봉숭아 여문 씨앗 안간힘으로 붙잡고 있고
 그 머슴애 끝끝내 내게도 된서리로 남아
 그날 받은 씨앗 지금껏 편지 봉투에 봉해져 있다

2007년의 산책

베냐민도 걸었다 박태원도 걸었다
전태일도 걸었다
서울 청계천을 걷는다
1920년대 박태원의 산책로였던 길을 걷는다
식민지 청년이 하염없이 걷던 길을 걷는다
1970년대 공장 노동자 전태일이
국수 값을 아끼려 걸었던 길을 걸어간다

전태일이 찾았고
베냐민이 걸었고
박태원이 골똘히 사색했던
6월의 젊은 청춘이 내달렸던 이 길
오늘 시민대중 바쁘다

난무한 스펙트럼 속, 길이 없다

2007년 아젠다가 없다

다시 산다면

지나간 세월은
주름만 놓고 갔다
아니다
흰 머리만 놓고 갔다
아니다
러브 핸들만 놓고 갔다
아니다
한숨만 놓고 갔다
아니다
술병만 놓고 갔다
아니다

비온 뒤, 나뭇잎 깨끗하다

'가르칠 수 있는 용기'를 가졌었나
함께 가자 우리 이 길을
그들과 가는 길은 의미 있었나
책 한 줄 더 읽으려 기꺼이 중국집에 전화 했었나

시간 없다고 발로 먼지를 밀고 다녔나
빈 술병을 치웠나

그렇다, 그렇다, 그렇다

다시 산다면
……

지금, 여기

더 많이 느낄 터
느낄 장소를 곳곳에 만들어 놓을 터
언제라도 훌훌 갈 터
더 많이 읽을 터
더 많이 빠져들 터
제대로 놀아 볼 터
세포 다 열어 놓고 놀아 볼 터
더 많이 쌀쌀대고 다닐 터
나를 위해 더 많이 시간을 낼 터
정신머리 놓지 않을 터

그것만으로 안 되지
동지를 더 만들 터
죽어서도 수다 떨며 그쪽 세상 바꿀
동지를 세울 터
오지 않은 세상은 꼭 올 터
좋은 세상을 만드는 일에
주저 없이 갈 그런 이로

동지를 만들어 볼 터

새끼들 자유롭게 키울 터
경쟁에만 물들게 하지 않을 터
한사람의 기똥찬 생명으로 키울 터
좋은 세상을 만들며 사는 일에
앞장서게 키울 터

풀무학교에 입학하는 딸에게

작은 학교에 가려하는 딸아
그 학교는 풀이 무성할 거다
아이들의 웃음소리 거침없을 거다
진짜 공부를 배울 거다
사람을 키우는데
풀과 숲과 하늘과 웃음소리면 그만이지

딸아! 사는 것은 느끼는 것
다양하게 느껴보는 것
때론 허방도 짚어보는 것
쓸쓸해져 보는 것
우는 날 있는 것
작은 학교
풀들 성성한 그곳은
너의 청소년 시기에
거름 같은 곳

작은 학교에 가려는 해나야

공부를 해라
사람 사는 공부를 열심히 해라
수능 문제집에 하루 종일 코 박고 있는 것은
너의 일 아니야
그런 삶에 줄 서지 말고
피를 펄펄 끓게 할 공부를
거기서 찾아라

딸아,
공부를 해라
여린 사람들과 연대해서
즐겁게 살 일을 찾아라
혼자 잘 살고 혼자 잘나서
사람 귀한지 모르는 삶들에 들러리 서지 말고
모두 함께 잘 살아갈 날들을 만들기 위한
힘찬 풀무질을 해라

대화

선생님과 가끔 산책하는 그곳에
흰 꽃다지, 무우꽃, 개망초꽃
보라하늘빛 사이사이 야생화들이
다닥다닥, 올망졸망 피었더라구요

애들 데리고 갔죠
'기억 속의 들꽃' 배우기 전 잠깐 짬 내어
묵정밭에 애들을 밀어 넣었죠

애들 좋아햐

애들은 그저 그래요
지들끼리 수다 떠느라 바빠요
근데 글쎄요 바짝 앉아서 꼼꼼히 보니
작은 풀꽃들이 꼭 선생님 같지 뭐예요
기차 바퀴 소리에 정신없이 웃고
황토 바람에도 웃고
애들과 수다 떨면서 웃고

이쁘다, 이쁘다, 이뻐 하면서 웃고
애들을 참 좋아하더라고요

하하하

다음에 함께 나가자고요?
선생노릇이 그래서 할 만 하다고요?

제4부

눈물방울만큼

어느 날 붉은 나무에 흠칫 놀란다
눈에 들어오지 않았던 것의 우연한 발견
그것은 우연찮게 만나 벼락같이 사랑하게 된
젊은 시절의 사람을 떠올리게 한다

오리무중의 출근길
로드 킬 당한 짐승 뭉개고
안개의 터널 빠져나오면
불안만큼 딱 그만큼 알게 되는 것 있다

깨달음은 공짜가 없다
안개의 골짜기 헤치며
우연히 불현듯 시나브로
눈물방울만큼 와서 벼락처럼 번쩍 빛난다

마량포구에서 듣는 당신의 말

전어들 뒤틀리며 익어간다
붉은 여자애와 취한 사내 비틀거린다
은행잎들 어디가 어딘지 모른다
생선 비린내가 단술을 불러 모은다

전어와 술은 어둑한 뒷골목에도 있지

당신의 말은 거기에 없었지

늙지 마 아무것도 없이 더 늙지 마
해독해 주는 사람 못 만났으니 더 늙지 마

당신의 말은 거기에 없었지

바람이 여러 번 분다
비늘들이 떨어진다

외롭고 높고 쓸쓸하*다는 말

당신의 말은 거기에 없었지

늙지 마 아무것도 없이 더 늙지 마
해독해 주는 사람 만날 때까지 더 늙지 마

* 백석의 시에서 인용

스타일

거리엔 편한 옷들 넘치는데

어울리는 옷 한 벌

찾지 못했다

바위덩이

알지 못하여 가을이 저물고 있다

알지 못하여 사막은 모래집이다

알지 못하여 떨어진 잎은 바다로 간다

알지 못하여 가을이 깊고 누렇다

알지 못하여 길이 멀다

우기雨期

우리는 모른다 이 세계 단단히 끌어안은 껍질

연일 굵은 빗방울 뿌려 발 밑 풀뿌리 속에 스며들 때
비를 피하지 못한 사람들 빈 어깨 그대로 길을 간다

적막한 어둠, 우산을 받고 총총히 돌아서는
너의 살 속에 한 계절 곰팡이는 빽빽이 자란다

우리는 갈퀴같이 뻗은 어둠이
언제 어떻게 끝나는지 모른다 그 대단한 껍질을 모른다

눅눅한 우기雨期가 심심하면 우리 곁에 찾아왔으나
그것은 우리의 일상이었을 뿐 너는 우산을 받고 돌아섰다

허나, 우기雨期 지나고 쏟아지는 강렬한 햇볕이 평등하다고
탓하지도 않았다 누구보다 빨리 그 고마움 알아차렸을 뿐

길이 어둡다

봄밤이었다
어두운 거리엔 무례한 젊은이 넘쳤다

오늘 은행잎에 비는 또 내리는데
저녁의 억새들 자유로운데
내가 살려던 삶 이것인가

길가에 80년대 유행가 정처 없는데
지친 중년의 무리들 부딪히며 간다

어디가 어딘지
어둡다

바위

그런 기교가 너에겐 없다
그렇게 가늘지 못하다
그렇게 약삭빠르지 않다
물방울, 몸으로 온몸으로
천만년 받아낼 뿐
천지天地간에 천치같이

책읽기

부드럽다

희뿌연하다

풍미가 뛰어나다

어떻게 요리해도 맛있다

택배로도 온다

깊고 먼 곳에서 온다

날씨가 추워지면 더 달콤하게 온다

굴 속 같이 조용한 곳에서 온다

아플 때 꼭 먹어줘야 한다

따뜻한 곳에 옹기종기 모여 그것을 탐한다

겨울이 가도 늘 손 가까이 있다

붉게 양념된 그것, 그 나름 또 군침을 흘리게 한다

그것, 굴처럼, 책읽기는 그렇다

난지도에서

생각 많은 철학자인 듯
안개를 과다 복용한 듯
오리무중의 길이 앞을 막는다

보일 듯 보이지 않는
주름 겹겹의 실크 블라우스 같은 감촉으로 읽은
젊은 철학자의 열하일기, 그 웃음과 탈주
누구라도 곧 열하熱河를, 하다못해 난지도*라도
아니 건너진 못하리

안개에게 신세지며
늙지도 젊지도 않은 그대가 열하를 건너듯
난지도를 건널 때
눈 부라리며 정신을 수습하는
뱃전의 사내, 그의 다짐과 절망이
생각난다 떠오른다
그런 열망을 품고 싶다

생의 한 번 건너고 싶은 열하,
난지도를 건너며
영감과 상상을 주었던 고미숙의 책**
자꾸 떠올랐다

* 당진군에 딸린 섬
**『열하일기, 웃음과 역설의 유쾌한 시공간』

친구를 기다림

이국에서 시를 쓰는 그녀, 고고학을 공부 중이다
세상이 지겨운 친구, 암중모색 중이다

우리 사이에서 그녀, 친구였다
시집 놓고 맞장구쳤다

언젠가 시집 앞날개에 있는 사진을 보고
어디가 아픈가봐, 하니
잠시 뜸도 없이
시인이니까, 답했다

나오고 있는 거니
속수무책의 봄*에 쭉 거기 있을 거니

가을 지나 겨울로 또 봄으로
이 지리멸렬의 삶들 속으로
그녀들, 언제 오는가

* 허수경의 시 중에서

차茶

다산 초당 야산의 차는
쪽진 머리에 올라앉은 옥비녀 빛깔의 그것은
떫은가 싶지만 몇 잔 마시면 단내 밀어 올리는
자꾸 찾게 만드는 그것은
사람을 둘러앉게 하는
정신없이 돌아가는 것들 쉬게 하는 그것은
시간을 내게 하는
누군가와 함께 하게 하는 그것은
앞산에 붉은 낙엽 보게 하고
눈 내리고 비 오는 것들 보게 하고
아 좋다, 하게 하고
복사꽃 산언덕에 온 세월을 느끼게 하고
복작복작 복잡한 거리 잊게 하고

몇 분간 떫고도 달다

사람은 언제 되나

놀이터를 잊은 지 한 30년
오늘 아침 산모롱이 돌아 출근하는데
봄꽃들 흐드러지게 핀 것 눈에 들어오데요
아 흐, 꽃들이……. 처음인 듯 눈에 들어오데요
너무 자연스럽게 혼잣말이 튀어 나오데요
꽃들아 너무 고맙다, 고맙다
꽃들을 품었던 차디찬 흙들과 겨울바람들
고맙다, 고마워

발문

흥부 시인 그리고 거시담론과 미시담론

강병철(시인, 소설가)

    산허리에 잠시 잠깐

    갓 붉은 뺨 가신 복사꽃

    서른이 훨씬 지나고 나서

    처음으로 보았네
                       —「구면舊面」전문

그는 헌신적 스승이자 난관 많은 페미니스트다. 국밥과

희망 그리고 넉넉한 둥근 밥상을 꿈꾸기도 하지만 많은 날 아득하다. 아크로폴리스 언덕에서 눈꺼풀 비비고 사구체 격론의 일과를 보내다가 저물녘엔 수확의 밧줄 당기는 공동체를 끌어안지만 일상의 벽은 높고 험하다. 그렇다. 이상은 구체성 앞에서 수시로 곤혹스럽다. 그게 유목과 노마디즘을 지향하는 디지털 시대 진보주의자 여성의 실상이다. 동시에 에너지다. 기실 지금도 그는 '루카치의 별'을 향해 울컥 독설을 날리고 싶은 '이상과 현실'의 이중성 힘을 먹고 사는 중이다.

> 매트리스여! 나와 그대 언젠가는
> 삐걱거리고 낡고 닳아 더 이상 무엇이 아닐지니
> 나무의 네 귀퉁이여, 아귀다툼이여, 목관의 몸이여
> 그때까지 내게 자장가를 불러다오
> 나를 가두는 주술을 부려다오
> 나를 썩혀 다오
>
> ―「그 여자의 노래 2 - 엄마의 흰 펜」 부분

마찬가지이다. 여자는, 아내는 그리고 갓난아이의 어머니는 진보의 필력에 앞서 피붙이 아이를 재워야 한다. 매트리스에 푹신 몸을 삭혔다가 기지개 펴고 일어나 젖내 나는 글을 써야 하는 야망이 잦아지지 않는데 일상의 쳇바퀴는 그렇게 가없이 돌아간다. 언제부터였나, 스크린에 집중하는 시간이 많아진 것은 질곡의 일상을 필름으로 추억하려는 의도다. 그래서 연륜의 굴곡이란 자칫 주체적 갈망의 빗나감으로 이어지기도 한다. 초조할 필요는 없다. 그렇게 타자에 대한 배려가 장맛비처럼 지루할 즈음 시인은 격정 진한 실루엣을 보여주기도 한다.

    때로는 길에서 울었다
    꽃을 자꾸 돌아보았다
    알면서 가고 모르면서 가는
    길 위에서
                            —「꽃이 질 때」부분

밭고랑에서 아이 속살로 남은 꽃잎을 본다. 아름다운 청춘을 보내고 소리 없이 잦아지는 흔한 장삼이사 꽃잎을 유독 시인의 감성으로 만나는 것이다. 떨어지는 꽃잎을 보며 눈물지으니 시인의 눈엔 모든 생명의 탄생과 죽음이 귀하지 않은 것이 없다. 중년의 그는 신산고초를 편안하게 껴안지는 못하지만 시나브로 몸에 익었음을 체득한다. 애오라지 하얗게 부서지는 밤바다나 '잠깐만' 하는 사이에 사라지는 '가는 사랑'들을 낚아챈다. 그래서 어둡고 각박할 때 더 선명하게 보이는 것이다.

그런 기교가 너에겐 없다
그렇게 가늘지 못하다
그렇게 약삭빠르지 않다
물방울, 온 몸으로
천만 년 받아낼 뿐
천지天地간에 천치같이

―「바위」 전문

캠퍼스 문청 시절의 한때.

'진솔한 글을 쓰겠다'는 습작 청년은 민족문학논쟁의 회오리 상처 과정을 거쳐 신경림을 접하면서 알토란처럼 무르익을 뻔하기도 했다. 그러나 난세의 밧줄이 놓아주지 않는다. 격동의 세월 90년대 초 교단에 서면서 겁도 없이 전교조에 가입한다. 그게 행복이요 동시에 늪이 되는 것이다.

반지하 10평에서 미혼의 삶을 정리하며 시를 쓰듯 청첩장 문구를 다듬는다. 다리미질 날 세운 바짓날로 식솔들 무장시키며 양 손톱 세우고 검은 천에 정교한 방점을 찍는다. 거리에 뒹구는 푸른 기호들 읽을 틈없이 더듬더듬 살림을 장만하고 아이를 키우며 학교와 집안 그리고 전교조 사무실을 전전한다. 가끔 '아차, 문학은' 하며 놀라기도 하지만 여전히 진보 집단 속의 착한 여성동지 역할에 충실하려 한다.

살구꽃 한 점 지고 있다

　언제 열리나

　먹으려면 한참

　사과꽃 한 다라 피었다

　저것만 먹으면

　감쪽같이 괜찮을 것 같은데

　자두는 손톱만 하다

　이 멀미 같은 고통

　그것 한쪽만 삼키면

　멈출 것 같은데

　아 서, 입 안 가득 침 돌게 하는 그것들

　열매 맺느라 하늘이 노랗다

　　　　　　　　　　　　－「입덧」전문

　아직은 멀다. 열매를 따야 숨을 돌릴 것 같은데 풋것들은 꽃 파편 청춘에 취해 있다. 안타깝게 기다려야 하는 시인의 가슴은 부글부글 끓고 있다. 컴퓨터와 분필을 끌고 와 엘리베이터에 비춰진 자화상을 마주치며 '걱정 마' 가슴을 쓸어안는다. 현관을 열면 산더미처럼 쏟아지는 노동량들, 그 속에서 가없이 파헤치는 기다림의 화두는 무엇일까. 이 도약의 자본주의 시대에 '함께 걷는 길'의 화두는 제발 무엇일까.

　그게 이순이 시인의 몫이다. 그는 주저앉고 싶을 때 열 손

가락이 가슴을 쓰다듬으며 일으켜 세우려 한다.(손) 짜잘한 가시 한 개에 온 신경 곤두세우다 또 금세 잊는다.(불편한 동거) 그러나 세월이 만사를 사라지게 하지는 못한다. 다행이랄까, 중년이 되면서 조금씩 여유와 틈새가 생긴 것 같다.

근 한 달
석 등 옆 천 년 묵은 백일홍 붉다

내가 석등이라면 기진맥진할 거다
―「지긋지긋한 사랑」 부분

그의 이상적 로망은 무엇일까. 붉은 여자애와 취한 사내 비틀거리는 마량포구를 관조하는 눈일까. 아니면 어울리는 옷 한 벌 찾지 못한 채 갈구하는 사념 덩어리일까. 바다로 떨어지는 나뭇잎 스냅을 낚아채는 까마중 눈빛이나 비에 젖은 벗들 빈 어깨 쓰다듬는 시인의 초점일지도 모른다.

비가 오거나 낙엽이 떨어지는 그런 날은 추사고택을 찾는다. 화순옹주 홍문(紅門) 앞에서 침잠하다가 갈참나무 숲에서 저녁 풀벌레 소리와 아주 잠깐 합체한다. '나의 라임오렌지 나무'의 '제재'처럼 나무와의 소통으로 삭이는 것이다. 흐벅진 군살을 견딜 수 없으므로 책과 승부를 벌이기도 한다. 베냐민이나 박태원, 전태일, 김훈의 '언니의 폐경'이나 고미숙의 '사랑과 연애의 달인 호모 에로스'에서 이

맞살 맞댄다. 지금도 벗들의 공간을 만들기 위해 닦고 조이고 기름 치며 광택을 문지른다. 숱한 사랑들 하얗게 부서진다.(그대는) 그래서 그의 시는 문장의 장치보다 주제가 더 진하다.

저는 먼 나라 여인처럼 강가에 서서 가끔씩 생각합니다 조선조 허난설헌이라는 의심 많던 여자를, 간단하게 묘사할 수 없었던 우기의 날들을, 갯벌 진흙 속 수 만 마리 게들의 속살을, 꽃게탕에 이르러서 찢겨지고 벗겨지는 사지를
―「그 여자의 노래 1」 부분

진보 진영 사내들이 그렇듯.
바깥에서 헌신적 일상을 뿌리다가 집안에서는 소파에 묻혀 '쿵' 쓰러지기도 한다. 사내가 종이에 얌전하게 싸가지고 온 담배꽁초 처리는 결국 아내의 몫이 된다. 시인은 집안에서 무심한 사내를 안쓰러워한다. 몸과 이상이 함께 움직여지지 않는 것도 사실은 시인의 천성 탓이다. 한 천년쯤 남자가 차려놓은 밥상으로 왕후처럼 앉은 채 얻어먹고 싶지만 세상이 그를 놔두지 않는 것이다. 둥지 튼 선남선녀의 의사소통과 질곡 그게 '여자의 노래' 시리즈다.

강물처럼 순하게 살고 싶었습니다
한 뙈기 밭 곁에 해마다 돋는

쇠뜨기 풀같은 어머니의 노동과

순한 아이들 먹빛 눈빛 두 팔로 안으며

―「괜찮다, 괜찮다」부분

어머니는.

사춘기 때부터 홀로 그를 키워낸 한국의 여인이다. 그니는 지금도 밥 굶지 말고 아이들 잘 가르치라는 팔순의 노심초사다. 그래서 장독대나 아궁이, 빨래터에서 불쑥불쑥 후광을 받아 감자알 스승의 길을 걷는 것이다. 그래봤자 시인은 그니에게 만큼은 표현이 박하다. 핸드폰 메시지로 딱 한 번 사랑한다를 전할 뿐.

계단 오르며 어떻게 살아야 하는지 먼 산 바라보면 어디선가 소쩍새 울고 실업계 아이들처럼 바스락 바스락 보리 누렇게 말라가고

―「유고 시집」부분

시집이란 게 자칫 그렇다. 전화 받침대로 써먹거나 기우는 장롱 균형 세워주는 틈새 메우기 물건으로 잦아지기도 한다. 하필 수업 종소리에 마시던 녹차 컵 덮을 것을 찾다가 빼낸 게 망자 이규황 시집이다.(유고 시집) 대학 시절 시화전이나 졸업 후 전교조 집회에서 잠깐씩 만나고 씨익 철인 미소를 짓던 청년 시인이 어느 날 간이 시커멓게 썩으며 세

상을 떠난 것이다. 아프다. 시대의 변혁을 꿈꾸던 벗들이 수도 없이 철새처럼 작별했다. 그게 이순덕이요, 정영상이요, 신용길, 남광균, 배주영 동지다. 참교육의 벗들에겐 왜 그렇게 위암이나 췌장암, 담낭암들이 시도 때도 없이 가까이 다가오려 했을까.

우리는 갈퀴 같이 뻗은 어둠이
언제 어떻게 끝날지 모른다 그 대단한 껍질을 모른다

눅눅한 우기雨期가 심심하면 우리 곁에 찾아왔으나
그것은 우리의 일상이었을 뿐 너는 우산을 받고 돌아섰다
—「우기雨期」부분

그러나 교실 풍경은.
마땅치 못하다. 아이들이 먼저 자본에 익숙해졌다. 흘러간 흑백 사진과 함께 아이들과 어우러지려던 감회는 당연히 빗나간다. 인터넷과 스피드에 익숙한 제자들은 차라리 수업이 낫다고 아우성이다.(무지개) 싸우고 토라지고 번뇌에 빠진다. 그러나 가정 방문 때 라면 그릇 옆에 놓고 퍼질러 자기도 하며 (병천이) 우리 아이들은 우쑥불쑥 커간다. 당연히 감싸야 할 일이다. 그게 선희샘과 다독이는 필연이요 몇 년째 독서 모임의 소용돌이에서 벗어나지 못하는 은

아샘, 고운샘, 리나, 용순 그리고 착한 청일점 신경섭과 토론하는 이유다.

  그가 감히 늦깎이 시집을 던져 놓았다. 녹록치 않을 수 있다. 사교계와 영토 확장의 역학관계 리얼한 문학 동네에 적응하지 못한 결벽증 탓이다. 오히려 구경꾼들이 조마조마하지만 정작 시인은 쓰뭉하므로 간신히 한 마디 묻는다. 벗이여, 여전히 세상의 변혁에 몸을 던질텐가. 밧줄을 쌍둥 자르고 창작에 몰입하는 이기적 문학판에서 한판 붙어볼 텐가. 흥부 시인이여, 미안하다. 사랑의 날을 어떻게 벼릴 것인가.
  이순이 시인.